Silvia Zettler

Liebenswerte
Teddybären
selbst genäht

ENGLISCH
VERLAG

Die Deutsche Bibliothek – CIP-Einheitsaufnahme
Liebenswerte Teddybären selbst genäht / Silvia Zettler. – Wiesbaden: Englisch, 2000
ISBN 3-8241-0981-6

© by Englisch Verlag GmbH, Wiesbaden 2000
ISBN 3-8241-0981-6
Alle Rechte vorbehalten. Nachdruck, auch auszugsweise, verboten.
Fotos: Frank Schuppelius
Herstellung: Michael Feuerer
Printed in Spain

Inhaltsverzeichnis

Vorwort

Der Teddybär – ein guter Freund und Seelentröster aus Kindertagen – erfreut sich einer immer größeren Beliebtheit. Bärenausstellungen sind heute wahre Publikumsmagnete. Teddyliebhaber kommen von weit her, um diese Ausstellungen oder Börsen zu besuchen. Dort werden Kontakte zu anderen Bärenmachern oder Sammlern geknüpft und der eine oder andere Teddybär findet ein neues Zuhause. Es gibt zudem immer mehr Interessierte, die einen Teddy selber herstellen möchten, zum Beispiel für die eigenen

Kinder, Enkel oder gar für sich selbst. In meinem Buch beschreibe ich die Herstellung verschiedener Bären. Für jeden Geschmack ist etwas dabei. Anhand der Anleitungen kann man die Teddybären genau nacharbeiten oder ganz individuell gestalten.

Ich hoffe, Sie haben beim Arbeiten genauso viel Spaß wie ich, wenn ich einen neuen Bären entwerfe oder einen Kurs für Bärenliebhaber gebe.

Ihre Bärenmacherin   *Silvia Zettler*

Material und Hilfsmittel

Folgende Materialien und Hilfsmittel benötigen Sie zum Herstellen der Teddybären:

🐻 **Klassisches Material:**
Mohair
Antik-Mohair
Langhaar-Mohair
Geknautschter Mohair
Gespritzter Mohair

🐻 **Plüsche:**
Baumwollstoffe
Synthetikstoffe

🐻 **Pfotenstoffe:**
Filz
Velour

🐻 **Füllmaterialien:**
Stopfwatte
Baumwolle
synthetische Baumwolle (geeignet für Bären, die öfter gewaschen werden)
Schafswolle
Kapok (geeignet für Minibären)
Holzwolle (geeignet für Geübte, darf aber nicht feucht werden)
Granulat:
Plastik
Glasgranulat in verschiedenen Stärken
Granulatgrieß (geeignet für Minibären)

Stahlgranulat (für kleine Bären zusätzlich zum Granulatgrieß)

🐻 **Stimmen:**
verschiedene Größen an Papp- oder Kunststoffgehäusen
Quietscher
Flachstimme
Spieluhr

🐻 **Nasengarn:** Perlgarn Nr. 3 / Nr. 8

🐻 **Augenzwirn:** Zwirn, 30 m, Natur- oder Kunstfaser

🐻 **Nähgarn:** stärkere Qualität, Baumwolle oder Kunstfaser

🐻 **Augen:**
Sicherheitsaugen, besonders für Kinder-Teddys geeignet, da diese mit einer Sicherheitsscheibe versehen sind
Glasaugen: verschiedene Farben und Größen, 1–16 mm
Schuhknopfaugen
Positionsaugen

🐻 **Kunststoffnasen**

🐻 **Glasnasen**

🐻 **Stifte:**
Kugelschreiber für beigefarbene bis mittelbraune Stoffe
Stiftkreide für weißes Mohair
Filzstifte sind ungeeignet, da diese durch den Stoff durchscheinen können

🐻 **Kohlepapier, Papier, Karton** (zum Abpausen der Schnitte)

🐻 **Stickschere** (zum Schneiden des Stoffes)

🐻 **Klemmschere oder Arterienklemme** (zum Wenden für kleine Bären, im Fachhandel erhältlich)

🐻 **Flachzange** (zum Drehen der Splinte)

🐻 **Steckhilfe** für die Befestigungsscheiben

🐻 **Stopf-/Ledernadel** (zum Sticken der Nase)

🐻 **Polsternadel** (zum Einziehen der Augen)

🐻 **Bürste** (Florbürste, Hunde- oder Katzenbürste)

🐻 **Stecknadeln und Heftgarn**

🐻 **Stopfwerkzeug:**
Kochlöffel / Stopfwerkzeug für große Bären
Stäbchen / Stopfwerkzeug für kleine Bären

🐻 **Gelenke: T-Splinte.** Darauf setzt man eine Metallscheibe, dann eine Pappscheibe oder ein Kunststoffgelenk. Alles wird in den Körperteilen vernäht.

Alle oben genannten Materialien und Werkzeuge sind im Fachhandel erhältlich. Sofern Sie weitere Informationen benötigen, leiten wir Ihre Anfragen an die Autorin weiter.

7

Grundanleitung

Schnitt und Schnittübertragung

Zunächst kopieren Sie den Schnitt Ihrer Wahl oder pausen ihn ab. Beim Pausen dürfen Sie nicht vergessen, die Markierungen zu übertragen. Diese Schnittteile kleben Sie auf Karton und schneiden diese aus.

Der Bärenstoff wird einfach gelegt. Achten Sie auf den Fadenlauf (Flor), sonst stehen Ihrem Bären „die Haare zu Berge". Bei einigen Herstellern ist die Laufrichtung nicht gleich der Florrichtung. Durch Streichen erkennt man den Florlauf. Sträubt sich das Fell, so ist es die falsche Laufrichtung, glättet sich das Fell, markieren Sie sich die Laufrichtung mit einem Pfeil.

Mit einem wasserfesten Stift, Kugelschreiber oder Kreidestift übertragen Sie die Schnittteile auf den Stoff. Wenn auf den Schnittteilen zweimal gegengleich steht, so gibt es einen linken und einen rechten Zuschnitt. Beim Aufzeichnen der Teile muss der Stoff gut „festgedrückt" werden, denn gerade bei langhaarigen Stoffen kann der Stoff ein wenig „wandern".

Bedenken Sie auch die Nahtzugabe, d.h. zwischen den Schnittteilen sind ca. 5 mm Platz zu lassen. Wer geübter ist, kann auch „Platz sparend" auflegen. Markierungen und Abnäher müssen auch auf den Stoff übertragen werden.

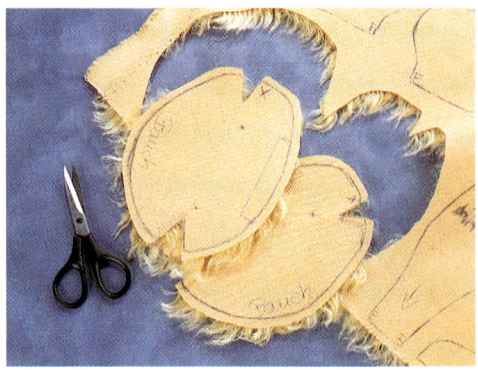

Zuschnitt

Beim Ausschneiden heben Sie den Stoff etwas an. Dabei schieben Sie die Schere „durch den Stoff". So wird der Flor am wenigsten beschädigt. Die Abnäher werden direkt am Strick ausgeschnitten. Wichtig ist, dass Sie beim Ausschneiden gleichmäßig schneiden. Sollten hierbei Unterschiede auf-

treten, so können sich die Proportionen des Bären verändern. Dies gilt ebenso für das Nähen. Nach dem Zuschnitt kontrollieren Sie die Teile und legen oder stecken diese zusammen. So haben Sie die Gewissheit, dass alle Teile ausgeschnitten sind.

Nähen

Sie können den Bär mit der Hand oder mit der Nähmaschine nähen. Stecken Sie die Teile mit Stecknadeln fest, oder heften Sie sie mit Heftgarn vor. So verrutschen Ihnen die Teile nicht. Beim Stecken oder Vor-

Stich

Faden

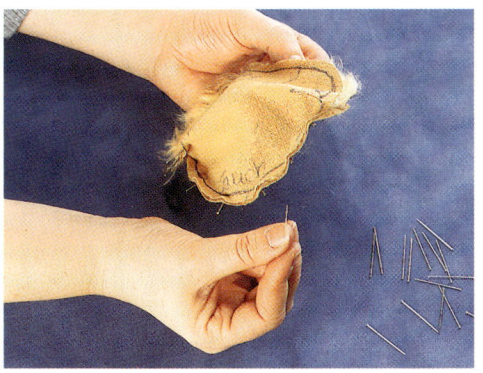

heften ist darauf zu achten, dass die Fellhaare nach innen gestrichen werden. Wenn Sie mit der Hand nähen, verwenden Sie am Besten den Matratzenstich.

Ohren

Von Punkt H bis Punkt I wird die Naht geschlossen, die kurze Seite bleibt offen.

offen

Ohr

Körper

Die Abnäher müssen oben und unten geschlossen werden, die Körperteile werden aufeinander gelegt. Die Kopfhöhe ist durch das X gekennzeichnet. Achten Sie bitte auf die Ober- und Unterseite. Die Nähte werden bis auf die Stopföffnung geschlossen. Die Nähtekreuze treffen oben und unten genau aufeinander.

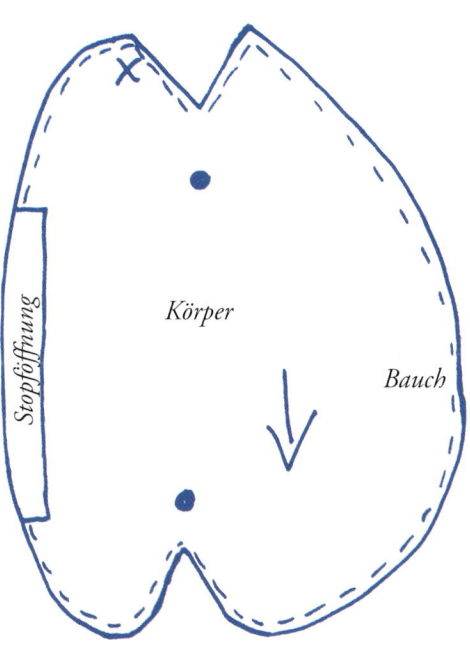

Stopföffnung

Körper

Bauch

Kopf

Die Abnäher werden an den Kopfteilen geschlossen. Legen Sie die Kopfseitenteile aufeinander, die Kinnnaht wird mit Stecknadeln von A–B gesteckt und genäht. Danach werden die Nadeln entfernt. Das Kopfmittelteil wird mit der entsprechenden Seite zusammengesteckt. Dabei beginnen Sie mit der Nase. Das Kopfmittelteil wird mittig auf die Kinnnaht gelegt, C auf A, dann D auf D und endet im Nacken. Diese Seite wird genäht und die andere Seite wird gegengleich bearbeitet.

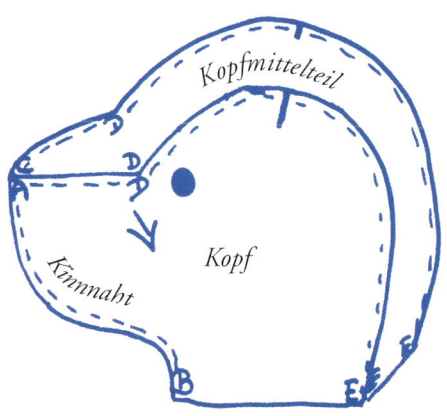

Arme

Das Pfotenteil wird G auf G mit dem Arminnenteil zusammengenäht. Denken Sie daran, dass es bei dem Außenarm wie auch bei dem Innenarm einen linken und einen rechten Zuschnitt gibt. Innen- und Außenarm werden aufeinander gelegt, gesteckt und komplett zugenäht.

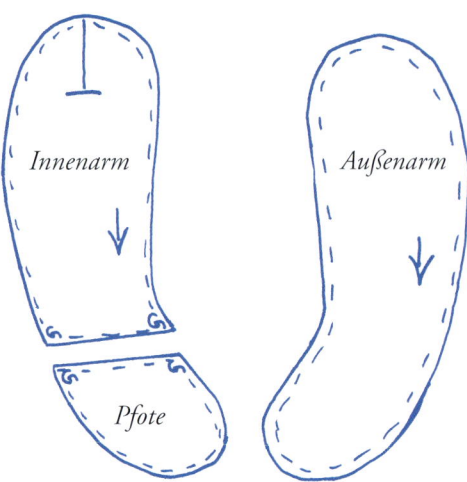

Beine

Das Beinteil wird der Länge nach „zusammengeklappt". Stecken Sie die beiden Seiten zusammen und nähen Sie sie komplett zu; nur die Fußsohle bleibt offen. Die Fußsohlen werden genau eingepasst, das heißt Y–Y und X–X werden eingenäht.

Tipp

Bitte überprüfen Sie bei allen Teilen, ob alle Nähte geschlossen sind. Eventuell arbeiten Sie sie dann nach.

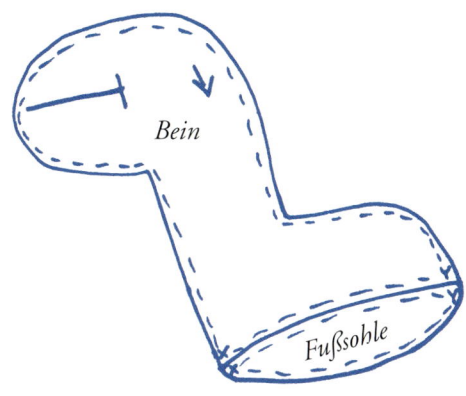

Bein

Fußsohle

Wenden

Dieses Zeichen ⊥ finden Sie auf den Schnittteilen. Es bedeutet, dass an der eingezeichneten Stelle vor dem Wenden ein Einschnitt vorgenommen wird, wenn alle Nähte geschlossen sind. Der Körper wird über die Stopföffnung gewendet, vorher werden aber die Markierungspunkte vorgestochen. Jetzt wird alles gewendet, bei den Armen und Beinen müssen Sie noch einen Einschnitt machen, der die Größe des jeweiligen Gelenks hat. Dies ist bei der Schnittvorlage die Längslinie. Der Einschnitt endet knapp vor der Naht. Bei den Beinen denken Sie bitte daran, dass es ein linkes und ein rechtes Bein gibt, es ist schnell passiert, dass man zwei linke oder zwei rechte erstellt hat. Bevor Sie den Fuß wenden, müssen Sie ihn etwas einschneiden. Somit lässt sich der Fuß besser wenden und bekommt eine schönere Form.

am Fußansatz einschneiden

Bei den Armen richtet man sich nach den Arminnenteilen. Dort schneiden Sie an der Linie bis zur oberen Naht auf. Die Arme und Beine werden über den Einschnitt gewendet. Der Kopf wird über die Stopföffnung gewendet. Falls Sie Florhaare eingenäht haben, ziehen Sie diese vorsichtig mit einer Nadel heraus.

Stopfen

Arbeiten Sie mit kleinen Portionen Füllmaterial und mit sehr viel Gefühl. Wir beginnen mit dem Kopf. Arbeiten Sie im Schnauzenbereich besonders sorgfältig, dabei modellieren Sie den Kopf leicht. Sofern hier nicht gut gearbeitet wird, fällt das Sticken der Nase schwer. Füllen Sie den Kopf komplett aus. Zwischen Halsrand und gestopftem Kopf ist noch ca. 1 cm Platz. In die Stopföffnung wird das Gelenk eingearbeitet. Das Gelenk besteht aus einem Splint, darauf wird eine Metallscheibe gesteckt, dann eine Pappscheibe. Das Gelenk wird so eingelegt, dass der Splint nach außen zeigt und die Scheiben im Kopf sind. Den Halsrand reihen Sie mit einem reißfesten Zwirn ein und verschließen die Öffnung. Danach verknoten Sie den Faden mehrfach. Bitte achten Sie darauf, dass das Gelenk schön fest sitzt. Bei den Beinen beginnen Sie in den Fußsohlen mit dem Stop-

fen. Wenn das Bein ca. dreiviertel gestopft ist, nehmen Sie ein fertig gestecktes Gelenk. Setzen Sie es in die Beinkugel ein. Jetzt füllen Sie das Bein mit Füllmaterial auf. Das Gelenk muss in der Beinkugel sitzen, der Schlitz wird mit dem Matratzenstich zugenäht. Die Arme arbeiten Sie genauso wie die Beine.

Montage

Das Loch für den Kopf gehört an die Stelle, an der sich die Nähte des Körpers treffen. Die Oberseite ist durch das X gekennzeichnet. Mit einer Schere stechen Sie ein Loch und stecken den Splint durch, eventuell umnähen Sie das Loch mit einem reißfesten Garn. Auf diesen Splint wird jetzt die andere gleich große Pappscheibe gesteckt, darauf die Metallscheibe. Jetzt wird der Splint zu einer Schnecke gedreht. Dazu benötigen Sie eine Flachzange oder einen Splintendreher. Bei dem Plastikgelenk wird jetzt die Plastikscheibe aufgesteckt und mit der kleinen Befestigungsscheibe festgemacht. Die Beine werden befestigt. Führen Sie den Splint des richtigen Beines durch das Loch, stecken Sie die Pappscheibe und Metallscheibe auf den Splint und drehen diesen zu einer Schnecke. Die Arme werden wie die Beine gearbeitet. Achten Sie auf einen gleichmäßigen Sitz der Teile. Wenn alle Splinte gedreht und alle Be-

festigungsscheiben gesteckt sind, werden die Arme, Beine und der Kopf mehrfach gedreht. Jetzt können Sie die Gelenke nochmals nachdrehen, beziehungsweise die Befestigungsscheiben nachdrücken. Nun stopfen Sie den Körper mit Füllwatte aus. Insbesondere stopfen Sie den Po- und Schulterbereich gut aus. Wollen Sie eine Stimme einsetzen, müssen Sie den Bauch zunächst mit etwas Füllmaterial ausstopfen, dann nehmen Sie die Stimme

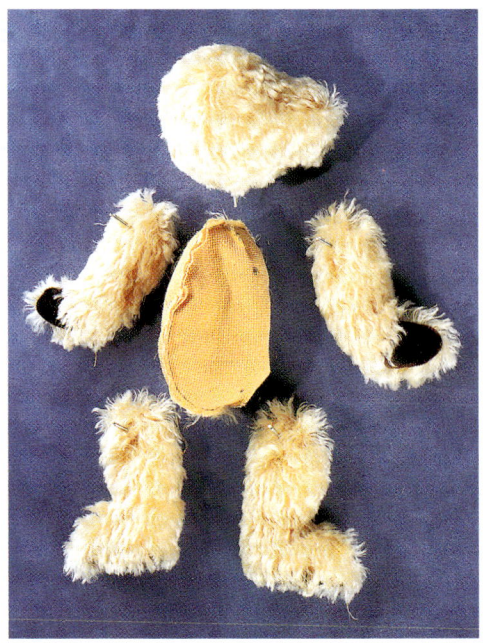

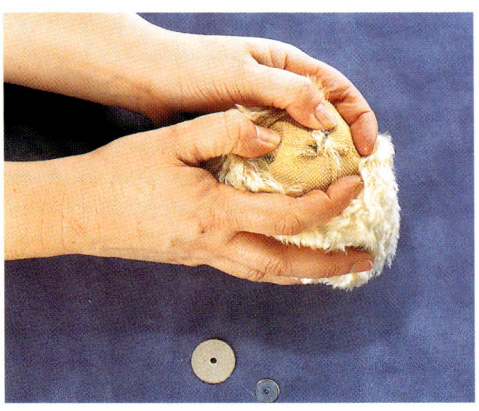

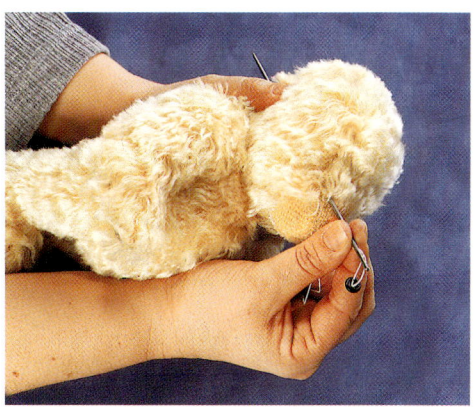

und setzen die Seite mit den Löchern in den Bauch. Füllen Sie den Körper weiter mit Füllmaterial auf, aber „überfüttern" Sie den Bär nicht. Man sollte, wenn Sie eine Stimme einsetzen, diese nicht unbedingt fühlen. Für die Rückennaht wendet man den Matratzenstich an.

Montage
der Gelenke

Augen

Nehmen Sie ca. 20 cm langes Augengarn und fädeln dieses durch die Öse des Auges. Mit Stecknadeln, Hutnadeln oder Positionsaugen legen Sie den Stand der Augen fest. Die Augen setzen Sie bitte nicht in die Nähte. Jetzt drücken Sie die Öse etwas zusammen, stechen mit einer langen Nadel an der vorgesehenen Position ein und ziehen die Nadel samt Garn und Auge durch und erreichen somit den unteren Teil des Hinterkopfes. Jetzt wird das andere Auge eingezogen. Bitte vergleichen Sie den genauen Sitz der Augen. Die Fäden sollten nebeneinander liegen. Von jedem Auge wird das Garn in sich verknotet.

Beim Anziehen der Fäden können die Augen tief in den Kopf gezogen werden, was zur Folge haben kann, dass der Gesichtsausdruck verändert wird. Die Fäden sollten „unsichtbar" vernäht werden.

Sticken

An der Nase werden die Florhaare weggeschnitten. Bitte halten Sie dabei die Schere gerade, sonst erhalten Sie sogenannte „Treppen". Mit dem Nasengarn sticken Sie nun eine Nase. Sie können mehrere Lagen sticken, dann

13

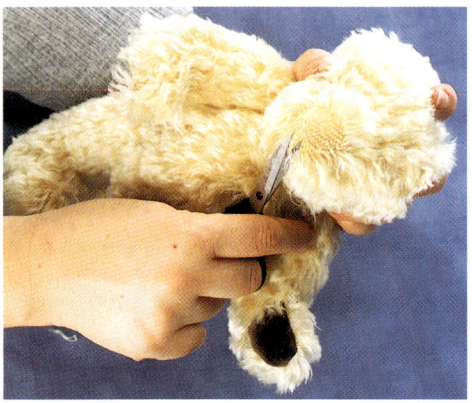

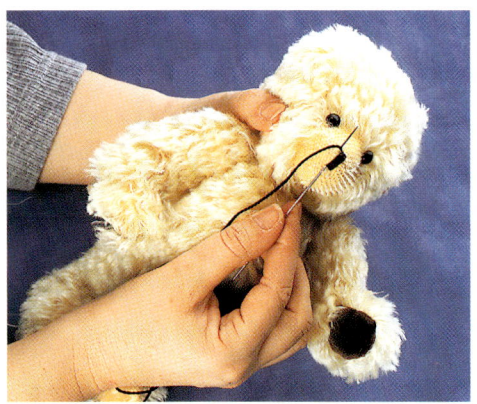

wirkt die Nase plastischer. Wenn Sie mit der Nase zufrieden sind, sticken Sie den Mund. Am besten ist ein lachender Bär (auf dem Vorlagebogen finden Sie Muster).

Feinarbeiten

Die Ohren werden mit Stecknadeln am Kopf befestigt. Mit den Ohren können Sie den Gesichtsausdruck abändern. Für die Ohren benötigt man den Matratzenstich. Mit einer Bürste können Sie die Nähte ausbürsten sowie den Bär aufbürsten. Wenn Sie den Kopf bürsten, halten Sie dem Bär die Augen zu, da diese sonst verletzt werden können. An den Augen sowie an der Schnauze können Sie überschüssige Haare wegschneiden. Nun wird der Bär mit einer Schleife oder einem modischen Halstuch ausgestattet.

Teddybären

Marie (31 cm)

Material

- 🐻 Mohair / Plüsch, 21 x 140 cm
- 🐻 Pfotenstoff / Velour oder Filz
- 🐻 Wasserfester Stift oder Kugelschreiber
- 🐻 Nähgarn
- 🐻 Stecknadeln und Heftgarn
- 🐻 Scheibensatz Pappe oder Plastikgelenksatz
- 🐻 Splinte: 10 Gelenkscheiben aus Pappe, 6 für Kopf und Beine, je 45 mm ⌀; 4 für Arme, je 40 mm ⌀
- 🐻 10 Metallscheiben, je 20 mm ⌀
- 🐻 5 Splinte, je 38 mm ⌀
- 🐻 1 kleines oder mittleres Stimmgehäuse
- 🐻 1 Paar Glasaugen, je 11 mm ⌀
- 🐻 Schwarzes Nasengarn / Stickgarn
- 🐻 Augengarn
- 🐻 Füllmaterial; für das Kleid: 60 x 12 cm Batist, 60 cm Spitze (2 cm breit), 50 cm Spitze (4–5 cm breit), 120 cm Satinband (4 cm breit)

Anleitung

Schnitt und Schnittübertragung: Alle Schnitte sowie die Markierungen werden auf Karton übertragen. Die Schnittteile und Markierungen werden auf den Mohair oder das Plüsch übertragen. Der Schnitt wird mit Nahtzugabe gearbeitet, ca. 5 mm müssen dazugerechnet werden. Bei einigen Stoffen entspricht die Florrichtung nicht gleich der Laufrichtung. Die Teile werden danach mit einer spitzen Schere ausgeschnitten. Nach dem Zuschnitt kontrollieren Sie die Teile, indem Sie diese zusammenlegen oder stecken. So haben Sie die Gewissheit, dass alle Teile ausgeschnitten sind. Stecken Sie die Teile mit Stecknadeln fest oder heften Sie sie mit Heftgarn vor. Beim Stecken oder Vorheften muss darauf geachtet werden, dass die Florhaare nach innen zeigen.

Ohren: Von Punkt H bis Punkt I muss die Naht geschlossen werden, die kurze Seite bleibt offen.

Körper: Die Abnäher müssen oben und unten geschlossen werden, die Körperteile werden aufeinander gelegt. Die Ober- und Unterseite muss beachtet werden. Die Kopfhöhe ist durch ein X gekennzeichnet. Die Nähte müssen bis auf die Stopföffnung geschlossen werden. Die Nähtekreuze treffen oben und unten genau aufeinander.

Kopf: Die Abnäher an den Kopfteilen werden geschlossen, die Kopfseitenteile werden aufeinander gelegt, die Kinnnaht wird mit Stecknadeln von A–B gesteckt und genäht. Danach werden die Nadeln entfernt. Das Kopfmittelteil wird mit der entsprechenden Seite zusammengesteckt. Dabei beginnen Sie mit der Nase. Das Kopfmittelteil wird mittig auf die Kinnnaht gelegt, C auf C, dann D auf D und endet im Nacken. Diese Seite wird genäht und die andere Seite gegengleich bearbeitet.

Arme: Das Pfotenteil wird G auf G mit dem Arminnenteil zusammengenäht. Denken Sie daran, dass es bei dem Außenarm wie auch bei dem Innenarm einen linken und einen rechten Zuschnitt gibt. Innen- und Außenarm werden aufeinander gelegt, gesteckt und komplett zugenäht.

Beine: Das Beinteil wird der Länge nach „zusammengeklappt" und die beiden Seiten zusammengesteckt und komplett zugenäht.

Nur die Fußsohle bleibt offen. Die Fußsohlen werden genau eingepasst, das heißt Y–Y und X–X werden eingenäht.

Wenden: Der Körper wird über die Stopföffnung gewendet, vorher werden aber die Markierungspunkte vorgestochen. Jetzt werden alle Teile gewendet. Bei den Armen und Beinen müssen Sie noch einen Einschnitt machen, der die Größe des jeweiligen Gelenks hat. Bevor Sie wenden, müssen Sie etwas einschneiden. Somit lässt sich der Fuß besser wenden und bekommt eine schönere Form.

Stopfen: Beginnen Sie mit dem Kopf. Arbeiten Sie im Schnauzenbereich besonders sorgfältig, dabei modellieren Sie den Kopf leicht. Sofern hier nicht gut gearbeitet wird, fällt das Sticken der Nase schwer. Füllen Sie den Kopf komplett aus. Zwischen Halsrand und Gestopftem ist noch ca. 1 cm Platz. In die Stopföffnung wird das Gelenk so eingearbeitet, dass der Splint nach außen zeigt und die Scheiben im Kopf sind. Den Halsrand müssen Sie mit einem reißfesten Zwirn einreihen. Verschließen Sie die Öffnung und verknoten den Faden mehrfach sorgfältig. Achten Sie darauf, dass das Gelenk schön fest sitzt. Was die Beine betrifft, so beginnen Sie mit dem Stopfen der Fußsohlen. Wenn das Bein ca. dreiviertel gestopft ist, nehmen Sie ein fertig gestecktes Gelenk und setzen es in die Beinkugel ein. Jetzt füllen Sie das Bein mit Füllmaterial auf und arbeiten hinter dem Gelenk. Man sollte die Gelenkscheiben nicht mehr fühlen können. Das Gelenk muss in der

Beinkugel sitzen, der Schlitz wird mit dem Matratzenstich zugenäht. Die Arme arbeiten Sie genauso wie die Beine.

Montage: Das Loch für den Kopf gehört an die Stelle, an der sich die Nähte des Körpers treffen. Die Oberseite ist durch das X gekennzeichnet. Mit einer Schere stechen Sie ein Loch vor und stecken den Splint durch, evtl. umnähen Sie das Ganze mit reißfestem Garn. Auf diesen Splint wird jetzt die andere gleich große Pappscheibe gesteckt, darauf die Metallscheibe. Jetzt wird der Splint zu einer Schnecke gedreht. Dazu benötigen Sie eine Flachzange oder einen Splintendreher. Bei dem Plastikgelenk wird jetzt die Plastikscheibe festgemacht. Nun werden die Beine befestigt. Führen Sie den Splint des richtigen Beines durch das Loch, stecken die Pappscheibe und Metallscheibe auf den Splint und drehen diesen zu einer Schnecke. Die Arme werden wie die Beine gearbeitet. Achten Sie auf einen gleichmäßigen Sitz der Teile. Wenn alle Splinte gedreht sind oder alle Befestigungsscheiben gesteckt sind, werden die Arme, Beine und der Kopf mehrfach gedreht. Jetzt können Sie die Gelenke nochmals nachdrehen beziehungsweise die Befestigungsscheiben nachdrücken. Nun stopfen Sie den Körper gut mit Füllwatte aus. Insbesondere stopfen Sie den Po- und Schulterbereich gut aus. Wollen Sie eine Stimme einsetzen, müssen Sie den Bauch erst mit etwas Füllmaterial ausstopfen, dann nehmen Sie die Stimme und setzen die Seite mit den Löchern zuerst in den Bauch. Füllen Sie dann den Körper weiter mit Füllmaterial auf, aber „überfüttern" Sie den Bären nicht. Man sollte, wenn Sie eine Stimme einsetzen wollen, diese nicht unbedingt fühlen, weder vom Bauch noch vom Rücken aus. Die Rückennaht ist mit dem Matratzenstich zu schließen.

Sticken: An der Nase werden die Florhaare weggeschnitten. Mit dem Nasengarn sticken Sie nun eine Nase. Sie können mehrere Lagen sticken, dann wirkt die Nase plastischer. Wenn Sie mit der Nase zufrieden sind, sticken Sie den Mund.

Augen: Nehmen Sie ein ca. 20 cm langes Augengarn und fädeln dieses durch die Öse des Auges. Mit Stecknadeln, Hutnadeln oder Positionsaugen legen Sie den Stand der Augen fest, aber die Augen werden nicht in die Nähte gesetzt. Nun müssen Sie die Öse etwas zusammendrücken. Mit einer langen Nadel stecken Sie an der vorgesehenen Position ein und ziehen die Nadel samt Garn und Auge durch und erreichen somit den unteren Teil des Hinterkopfes. Jetzt wird das andere Auge eingezogen. Bitte vergleichen Sie den genauen Sitz der Augen. Die Fäden sollten nebeneinander liegen. Von jedem Auge wird jetzt das Garn in sich verknotet. Die Fäden sollten „unsichtbar" vernäht werden.

Feinarbeiten: Die Ohren werden mit Stecknadeln am Kopf befestigt. Die Ohren werden mit dem Matratzenstich festgenäht. Mit einer Bürste können Sie die Nähte ausbürsten. Nun wird der Bär mit einer Schleife und, nach Wunsch, mit einem Kleid ausgestattet. Das Schnittmuster für das Kleid finden Sie auf dem Vorlagebogen. Nähen Sie den Batist um, und setzen Sie an den unteren Rand die 2 cm breite Spitze. Die obere Stoffkante kräuseln Sie ein und passen die Breite dem Bären an. Verteilen Sie die Falten, und fassen Sie die Kante beidseitig mit Satinband ein. Schneiden Sie die Träger aus Satinband zu, nähen Sie daran die eingekräuselte breite Spitze an. Zum Schluss wird der Latz aus Spitze eingepasst.

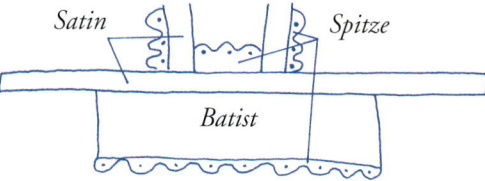

Oli (28 cm)

Material

- 🐻 Mohair / Plüsch, 17 x 140 cm
- 🐻 Pfotenstoff / Velourleder oder Filz
- 🐻 Wasserfester Stift / Kugelschreiber
- 🐻 Nähgarn
- 🐻 Stecknadeln und Heftgarn
- 🐻 Scheibensatz Pappe oder Plastiksatz
- 🐻 Splinte: 10 Gelenkscheiben aus Pappe, 6 für Kopf und Beine, je 30 mm ∅; 4 für die Arme, je 25 mm ∅
- 🐻 10 Metallscheiben, je 15 mm ∅
- 🐻 5 Splinte, je ca. 32 mm ∅
- 🐻 1 Brummstimme
- 🐻 1 Paar Glasaugen, 9 mm / 10 mm ∅
- 🐻 Schwarzes Nasengarn / Stickgarn
- 🐻 Augengarn
- 🐻 Füllmaterial

Anleitung

Schnitt und Schnittübertragung: Die Schnittteile sowie die Markierungen werden auf Karton übertragen. Dieser Schnitt wird mit Nahtzugabe gearbeitet. Mit einem Stift übertragen Sie die Schnittteile auf die Rückseite des gewünschten Stoffes. Bitte achten Sie auf die Florrichtung und schneiden mit einer spitzen Schere die aufgezeichneten Teile aus. Beim Stecken bzw. Vorheften arbeiten Sie die Florhaare ein.

Ohren: Sie müssen von Punkt H–I nähen, die kurze Seite bleibt offen.

Körper: Die Abnäher werden geschlossen, die Körperteile werden aufeinander gelegt. Die Kopfhöhe ist durch das X gekennzeichnet. Die Nähte werden bis auf die Stopföffnung geschlossen. Jetzt können Sie mit der Schere die Markierungspunkte für die Gelenke vorstechen, ohne dabei das Gewebe zu verletzen.

Kopf: Die Abnäher müssen geschlossen werden, die Kinnnaht wird von A bis B genäht,

das Kopfmittelteil wird eingepasst. Sie müssen von der Nasenspitze an nähen, d.h. C–D–E. Die andere Seite muss genauso bearbeitet werden.

Arme: Das Pfotenteil wird an den Innenarm angenäht, von Punkt G auf G. Jetzt werden Außen- und Innenarm aufeinander gelegt und zusammengenäht.

Beine: Das Beinteil wird der Länge nach „zusammengeklappt". Genäht wird von Punkt W–Y. Das Bein wird komplett zugenäht, nur die Fußsohle bleibt offen. Die Fußsohlen werden eingepasst, X auf X, Y auf Y, und mit kleinen Handstichen eingenäht.

Wenden: Der Kopf wird über die Halsöffnung gewendet. Was die Arminnenseiten betrifft, wird oben ein Einschnitt in der Größe des passenden Gelenkes gemacht. Nun wird der Arm gewendet. An den Füßen machen Sie in der Beuge (siehe Marie) kleine Einschnitte. Oben in der Beinkugel wird der Einschnitt für das Gelenk gemacht.

Stopfen: Bezüglich des Kopfes beginnen Sie im Schnauzenbereich. Mit einem reißfesten Faden reihen Sie den Halsbereich ein, legen das Gelenk ein, ziehen den Faden zusammen und vernähen ihn, damit das Gelenk festsitzt. Bei den Beinen beginnen Sie mit den Fußsohlen. Dreiviertel des Beines wird gefüllt, dann wird das Gelenk in den Einschnitt gesetzt und mit Füllmaterial weiter gestopft. Bitte achten Sie darauf, dass das Gelenk in der Beinkugel sitzt. Den Einschnitt vernähen Sie mit dem Matratzenstich. Die Arme werden genauso gearbeitet. Der Körper wird über die Stopföffnung gewendet.

Montage: Was die Montage betrifft, fangen Sie immer am Kopf an. Diesen setzen Sie ins Nähtekreuz (X) des Körpers. Mit der Schere machen Sie vorsichtig ein Loch, sodass der

Splint des Kopfes durchpasst. Das Loch umnähen Sie so gut mit Garn, dass keines mehr zu sehen ist. Sie stecken die passende Pappscheibe auf, dann die Metallscheibe und drehen mit einer Flachzange odcr einem Splintendreher den Splint zu einer Schnecke. Die übrigen Gelenke werden an den Markierungspunkten befestigt, die Sie vor dem Wenden schon vorgestochen haben. Sind alle Gelenke montiert, stopfen Sie den Po- und Schulterbereich gut aus. Bitte füllen Sie etwas Füllmaterial in den Bauch und passen die Brummstimme ein. Die Löcher von der Stimme kommen an die Bauchseite. Die Stimme sollte man nur „hören", aber nicht fühlen. Sie müssen dementsprechend auch den Rücken stopfen, damit über der Stimme auch noch Füllmaterial hineinpasst. Die Rückennaht wird mit dem Matratzenstich zugenäht.

Sticken: Seitlich der Nase werden die Florhaare weggeschnitten. Mit dem Nasengarn sticken Sie die Nase und den Mund auf.

Augen: Für die Augen nehmen Sie das Augengarn und fädeln dies durch die Öse des Auges. Diese Öse drücken Sie leicht zusammen. Legen Sie den Stand der Augen fest.

Mit einer langen Nadel ziehen Sie die Augen ein. Die Fäden werden am Hinterkopf „unsichtbar" vernäht.

Feinarbeiten: Die Ohren werden mit Stecknadeln am Kopf befestigt, bis der richtige Sitz gefunden ist. Sie werden mit dem Matratzenstich festgenäht. Mit einer Bürste wird Olis Mohair aufgebürstet. Oli trägt auf dem Foto einen selbst gestrickten Pulli, aber auch mit einer Hose sieht er frech aus.

Axel (28 cm)

Material
- 🐻 Mohair / Plüsch, 19 x 140 cm
- 🐻 Pfotenstoff / Velour
- 🐻 Wasserfester Stift / Kugelschreiber
- 🐻 Nähgarn
- 🐻 Stecknadeln und Heftgarn
- 🐻 Scheibensatz, Pappe oder Plastikgelenksatz
- 🐻 Splinte: 10 Gelenkscheiben aus Pappe, 6 für Kopf und Beine, je 30 mm ∅; 4 für die Arme, je 25 mm ∅
- 🐻 10 Metallscheiben, je 15 mm ∅
- 🐻 5 Splinte, je ca. 32 mm ∅
- 🐻 1 Paar Glasaugen, 9/10 mm ∅
- 🐻 Schwarzes Nasengarn
- 🐻 Augengarn
- 🐻 Füllwatte und Glasgranulat oder Plastikgranulat, ca. 3 mm ∅
- 🐻 Evtl. Brummstimme, Gaze oder Mullbinde, jeweils in dem Durchmesser der Brummstimme.

Anleitung
Axel wird nicht nur mit Stopfwatte gestopft, sondern zudem noch mit Granulat. Bei dieser Bärengröße verwendet man das normale Glas- oder Plastikgranulat. Granulat hat den Vorteil, dass der Bär beweglich ist. Diesen Effekt erreicht man nicht durch das normale „Stopfen". Der Bär wird aber nicht nur mit Granulat gefüllt, sondern hinter die Gelenkscheiben gibt man noch Stopfwatte. In den Kopf kommt kein Granulat, in die Beine und Arme wird etwas Stopfwatte gegeben, anschließend das Granulat. Zum Füllen verwendet man einen Teelöffel, der vorne etwas spitz zuläuft.

Schnitt und Schnittübertragung: Die Schnittteile sowie die Markierungen werden auf Karton übertragen. Dieser Schnitt wird mit Nahtzugabe gearbeitet. Mit einem Stift übertragen Sie die Schnittteile auf die Rückseite des gewünschten Stoffes. Bitte achten Sie auf die Florrichtung und schneiden Sie mit einer kleinen Stickschere die aufgezeichneten Teile vorsichtig aus. Beim Stecken oder Vorheften müssen Sie darauf achten, dass alle Florhaare eingearbeitet sind.

Ohren: Sie nähen von Punkt H–I, die kurze Seite bleibt offen.

Körper: Die Abnäher werden geschlossen. Die Kopfhöhe ist durch das X gekennzeichnet. Die Körperteile werden aufeinander gelegt, die Nähte werden bis zur Stopföffnung geschlossen. Nun stechen Sie mit einer spitzen Schere die Markierungspunkte für die Gelenke der Arme und Beine vor.

Kopf: Die Abnäher werden geschlossen, die Kinnnaht wird von A–B genäht und das Kopfmittelteil eingepasst. Mit dem Nähen beginnt man an der Nasenspitze gemäß den Markierungen C–D–E. Die andere Seite wird genauso genäht.

Arme: Das Pfotenteil wird an das Arminnenteil genäht, Punkt G auf G. Nun werden Außen- und Innenarm aufeinander gelegt und zusammengenäht.

Beine: Ein linkes und ein rechtes Beinteil werden aufeinander gelegt und komplett bis auf die Fußsohlenöffnung (X–Y) vernäht. Die Fußsohlen werden eingepasst und mit kleinen Handstichen angenäht.

Wenden: Der Kopf wird über die Halsöffnung gewendet. Für die Arme wird an der Innenseite ein Schnitt in der Größe des Gelenkes gemacht. Dann wird der Arm gewendet. An den Beinen machen Sie erst bei den Füßen an der Beuge (siehe Marie) kleine Einschnitte. Oben in der Beinkugel wird der Einschnitt für das Gelenk gemacht. Bitte denken Sie daran, dass Sie ein linkes und ein rechtes Bein brauchen. Danach können Sie über den Einschnitt das Bein wenden.

Stopfen: Den Kopf beginnen Sie im Schnauzenbereich mit Stopfwatte auszustopfen. Mit einem reißfesten Faden reihen Sie den Halsbereich ein, legen das Gelenk ein und ziehen den Faden zusammen. Dabei achten Sie darauf, dass das Gelenk fest sitzt und der Faden vernäht wird. Die Füße stopfen Sie mit Stopfwatte aus. Mit einem Teelöffel füllen Sie jetzt das Granulat ein. Dabei schlagen Sie immer das Bein leicht auf, sodass sich das Granulat besser verteilt. Bitte merken Sie sich jeweils die Löffelanzahl an Granulat, so haben Sie die Gewissheit, dass die Beine gleichmäßig gefüllt sind. Die „Kügelchen" sollten sich leicht im Bein bewegen lassen. Jetzt können Sie die Gelenke einsetzen und mit etwas Stopfwatte auffüllen, besonders hinter den Gelenken. Den Einschnitt vernähen Sie mit dem Matratzenstich. Die Arme füllen Sie zunächst mit Stopfwatte, dann mit Granulat. Danach wird so verfahren wie mit den Beinen.

Montage: Fangen Sie mit dem Kopf an. Diesen setzen Sie in das Nähtekreuz (X) des Körpers. Mit einer Schere wird vorsichtig ein „Loch" gestochen, sodass der Splint des Kopfes durchpasst. Dann wird dieser mit einem Faden umnäht, damit kein „Loch" mehr zu sehen ist. Nun stecken Sie die passende Pappgelenkscheibe auf den Splint, darauf die Metallscheibe und drehen mit einer Flachzange oder einem Splintendreher den Splint zu einer Schnecke. Die Arme und Beine werden an den Markierungspunkten befestigt, die Sie vor dem Wenden vorgestochen haben. Sind alle Gelenke montiert, stopfen Sie den Schulter- und Pobereich besonders gut aus. Nun nehmen Sie das Granulat und füllen dieses in den Körper. Sofern Sie einen Bär mit Stimme haben wollen, müssen Sie das Stimmgehäuse mit Gaze oder Mullbinde überkleben, ohne die Löcher dabei zu verkleben. Sie geben etwas Kleber auf den Außenrand und setzen die Gaze oder Mullbinde darauf. So wird verhindert, dass sich die Löcher mit dem Granulat zusetzen, da ansonsten dem Bär die Stimme versagt. Hinter die Stimme können Sie noch etwas Stopfwatte geben. Bei Bären ohne Stimme können Sie die Rückennaht mit dem Matratzenstich vernähen.

Sticken: An der Nase schneiden Sie mit einer spitzen Schere nach Belieben die Florhaare weg. Mit dem Nasengarn sticken Sie die Nase und den Mund auf.

Augen: Für die Augen nehmen Sie das Augengarn und fädeln dieses durch die Öse des Auges, die Öse drücken Sie leicht zusammen. Mit Stecknadeln legen Sie den endgültigen Stand der Augen fest, mit der langen Nadel ziehen Sie ein Auge ein. Das andere Auge folgt darauf. Die Position der Augen können Sie auch abändern. Sitzen die Augen gut, so können Sie die Fäden vernähen.

Feinarbeiten: Die Ohren stecken Sie mit Stecknadeln vor und probieren den richtigen „Sitz" aus. Danach werden die Ohren mit dem Matratzenstich angenäht. Axels Fell können Sie mit einer Bürste locker aufbürsten. Nun können Sie den beweglichen Teddy platzieren, wo es Ihnen lieb ist.

Sebastian, Felix (je 24 cm) und Herbert (23 cm)

Material je Teddy
- 🐻 Mohair / Plüsch, 17 x 140 cm
- 🐻 Pfotenstoff / Velourleder
- 🐻 Wasserfester Stift
- 🐻 Nähgarn
- 🐻 Stecknadeln und Heftgarn
- 🐻 Scheibensatz Pappe oder Plastikgelenksatz
- 🐻 Splinte: 10 Gelenkscheiben aus Pappe, 6 für Arme und Kopf, je 25 mm ∅; 4 für die Beine, je 30 mm ∅
- 🐻 10 Metallscheiben, je 15 mm ∅
- 🐻 5 Splinte, je ca. 32 mm ∅
- 🐻 1 Paar Glasaugen: 8 mm / 9 mm ∅
- 🐻 Schwarzes oder braunes Nasengarn
- 🐻 Augengarn
- 🐻 Füllmaterial

Anleitung

Sebastian und Felix sind ca. 24 cm groß und werden wie Marie gearbeitet. Sebastian wird aus Rohmohair gearbeitet. Das Fell von Felix ist aus gelocktem Mohair. Herbert ist aus

Sebastian

23

sparse Mohair gearbeitet; dieses Fell ist nicht so dicht wie bei Felix. Herbert wird ohne Nahtzugabe genäht. Sie legen die Schnittteile knapp aneinander und müssen beim Nähen aufpassen, dass Sie nicht wie üblich auf dem Schnittrand nähen. An der Größe der Splinte und Augen ändert sich nichts.

Schnitt und Schnittübertragung: Alle Schnitte sowie die Markierungen werden auf Karton übertragen. Dieser Schnitt wird mit Nahtzugabe gearbeitet. Mit einem Stift übertragen Sie die Schnittteile auf die Rückseite des Stoffes. Dabei achten Sie bitte auf die Florrichtung und schneiden die aufgezeichneten Teile mit einer spitzen Schere aus. Beim Stecken oder Vorheften arbeiten Sie die Florhaare mit ein.

Ohren: Sie nähen von Punkt H–I, die kurze Seite bleibt offen, darüber werden die Ohren gewendet.

Körper: Die Abnäher werden oben und unten geschlossen, die Körperteile werden aufeinander gelegt; die Kopfhöhe ist durch das X gekennzeichnet. Die Nähte werden bis auf die Stopföffnung geschlossen. Nun können Sie mit der Schere die Markierungspunkte vorstechen.

Kopf: Die Abnäher werden geschlossen, die Kinnnaht wird von A–B genäht, das Kopfmittelteil eingepasst und dann nähen Sie von der Nasenspitze an von C–D–E. Die andere Seite wird genauso genäht.

Arme: Das Pfotenteil wird an das Arminnenteil genäht, G auf G. Nun werden Arminnenteil und Außenarm aufeinander gelegt und zusammengenäht.

Beine: Das Beinteil wird der Länge nach zusammengeklappt. Genäht wird von Punkt W–Y. Die Fußsohlen werden eingepasst, X auf X und Y auf Y, und mit kleinen Handstichen eingenäht.

Wenden: Der Kopf wird über den Halsrand gewendet. Bei den Arminnenseiten wird ein in der Größe passender Längsschnitt gemacht.

Daraufhin wird der Arm gewendet. Bei den Beinen schneiden Sie über dem Fuß ein (siehe Marie), jetzt wird bei den Beinen wie bei dem Arm ebenfalls ein Schnitt gemacht, und zwar in der Größe des Gelenks. Die Beine werden so gelegt, dass ein Bein links, das andere rechts liegt. So haben Sie immer ein Paar.

Stopfen: Den Einschnitt vernähen Sie mit dem Matratzenstich. Die Arme arbeiten Sie gleich. Der Körper wird über die Stopföffnung gewendet.

Montage: Bei der Montage fangen Sie immer beim Kopf an. Diesen setzen Sie ins Nähtekreuz (X) des Körpers. Mit der Schere wird ein Loch gemacht, sodass der Splint des Kopfes durchpasst. Dann wird dieses mit Garn umnäht, sodass kein Loch mehr zu sehen ist. Sie stecken die passende Pappscheibe auf und dann die Metallscheibe. Mit einer Flachzange oder einem Splintendreher drehen Sie den Splint zu einer Schnecke. Die übrigen Gelenke werden an den Markierungspunkten befestigt, die vor dem Wenden vorgestochen wurden.

Sobald alle Gelenke montiert sind, stopfen Sie den Po- und Schulterbereich gut aus, geben Füllmaterial in den Bauch und passen die Brummstimme ein. Die Seite mit den Löchern kommt an die Bauchseite. Die Stimme sollte man nicht fühlen. Daher muss auch der Rücken ausgestopft werden. Die Rückennaht wird mit dem Matratzenstich zugenäht.

Sticken: An der Nase schneiden Sie die Florhaare weg. Mit dem Nasengarn sticken Sie die Nase und den Mund auf.

Augen: Für die Augen nehmen Sie das Augengarn und fädeln dies durch die Öse des Auges, diese Öse drücken Sie leicht zusammen. Legen Sie den Stand der Augen fest, mit einer langen Nadel ziehen Sie die Augen ein. Die Fäden werden am Hinterkopf „unsichtbar" vernäht.

Herbert

Felix

Feinarbeiten: Die Ohren werden mit Stecknadeln am Kopf befestigt, bis der richtige Sitz gefunden ist. Die Ohren werden mit dem Matratzenstich festgenäht. Sie können die Nähte mit einer Bürste ausbürsten. Ihr Bär freut sich auch auf einen „Bürstenstrich". Herbert, Sebastian und Felix tragen auf dem Foto ein Halstuch, aber auch mit Schleife oder gar einer netten Bekleidung sehen sie schick aus.

Karlchen (15,5 cm)

Material

- Mohair / Plüsch, 10 x 140 cm
- Pfotenstoff / Velourleder oder Filz
- Wasserfester Stift / Kugelschreiber
- Nähgarn
- Stecknadeln und Heftgarn
- Scheibensatz Plastik oder Splinte
- Splinte: 10 Gelenkscheiben, 6 für Kopf und Beine, je 15 mm Ø; 4 für die Arme, je 15 mm Ø
- 10 Metallscheiben: je 14 mm Ø
- 5 Splinte, je ca. 32 mm
- 1 Paar Glasaugen in Schwarz, 6 mm Ø
- Schwarzes Nasengarn
- Augengarn
- Füllwatte

Anleitung

Schnitt und Schnittübertragung: Alle Schnitte sowie die Markierungen werden auf Karton übertragen. Die Schnittteile und Markierungen werden auf Mohair oder Plüsch übertragen. Denken Sie an die Nahtzugabe. Die Abnäher werden ohne Nahtzugabe aufgemalt und dementsprechend auch ohne Nahtzugabe ausgeschnitten. Achten Sie darauf, dass der Stift nicht durchscheint. Bitte beachten Sie die Florrichtung; nicht immer entspricht die Florrichtung der Laufrichtung, denn sonst stehen Ihrem Teddy „die Haare zu Berge". Beim Ausschneiden heben Sie den Stoff etwas an, damit Sie den Flor nicht zerschneiden. Sie können den Teddy mit der Hand oder mit der Maschine nähen. Stecken Sie die Teile mit Stecknadeln fest oder heften Sie vor. So verrutschen die Teile nicht beim Nähen. Dabei achten Sie darauf, dass die Fellhaare nach innen zeigen.

Körper: Die Abnäher werden oben und unten geschlossen, die Körperteile aufeinander gelegt und bis auf die Stopföffnung zugenäht. Die Markierungspunkte der Gelenke werden mit einer Schere vorgestochen.

Ohren: Nähen Sie von Punkt H–I, die kurze Seite bleibt offen.

Kopf: Die Abnäher werden geschlossen, die Kinnnaht wird von A–B genäht und das Kopfmittelteil eingepasst. Mit dem Nähen beginnt man an der Nasenspitze, d.h. Punkt C kommt auf die Kinnnaht, dann folgt man den Markierungen D–E. Die andere Seite wird genauso gearbeitet. **Tipp:** Sie können jeweils eine Seite fertig stecken und dann nähen. Dies ist für Ungeübte einfacher. Fortgeschrittene können den Kopf gleich komplett stecken und nähen.

Arme: Die Pfotenzuschnitte werden an die Arminnenteile G auf G genäht. Innen- und Außenarm werden aufeinander gelegt, gesteckt und komplett zugenäht. Anschließend wird bei den Innenarmen ein Einschnitt gemacht.

Beine: Die Beinteile werden aufeinander gelegt und von X–Y genäht. Die Fußsohlen werden eingepasst, Y auf Y und X auf X, und eingenäht. Nun wird der Einschnitt für die Gelenke vollzogen.

Tipp: Nach dem Nähen sollten alle Teile überprüft werden, um sicherzugehen, dass alle Nähte geschlossen sind. Den eingenähten Flor ziehen Sie vorsichtig mit einer Nadel aus der Naht heraus.

Wenden: An der gekennzeichneten Stelle machen Sie einen kleinen Einschnitt. Somit lässt sich der Fuß besser wenden und bekommt eine schönere Form. Bei kleinen Bären erleichtert man sich das „Wenden", wenn man mit einer Arterienklemme oder Pinzette arbeitet. Der Stoff lässt sich besser herausziehen.

Karlchen

Stopfen: Beim Stopfen achten Sie darauf, immer nur kleine Mengen an Füllwatte zu nehmen. Die Füllwatte sollten Sie vorher etwas mit der Hand formen. Beim Ausstopfen fangen Sie mit dem Kopf an. Der Kopf wird darauf etwas modelliert. Arbeiten Sie im Schnauzenbereich besonders sorgfältig. Nun arbeiten Sie das Gelenk ein. Das Gelenk besteht aus einem Splint. Darauf wird eine Metallunterlegscheibe gesteckt, dann eine Pappgelenkscheibe. Das Gelenk wird so eingelegt, dass der Splint nach außen zeigt und die Scheibe im Kopf bleibt. Der Halsrand wird mit dem Augenzwirn eingereiht und dann fest zugezogen. Achten Sie darauf, dass das Gelenk fest sitzt. Die Beine werden mit der Füllwatte gleichmäßig ausgestopft und das Gelenk bis in die Beinkugel geschoben. Sie füllen weiter mit Füllwatte auf, damit das Gelenk nicht mehr zu fühlen ist. Jetzt wird die Öffnung mit dem Matratzenstich zugenäht. Die Arme werden wie die Beine und Gelenke ausgestopft.

Montage: Sie setzen den Kopf auf das Körperteil, stechen mit einer Schere ein Loch vor, stecken den Splint durch und umnähen

28

das Loch mit einem reißfesten Garn. Auf diesen Splint wird jetzt die andere gleich große Pappscheibe gesteckt, darauf die Unterlegscheibe. Jetzt wird der Splint mit einer Flachzange oder einem Splintendreher zu einer Schnecke gedreht. Dann werden die Beine befestigt. Führen Sie den Splint des richtigen Beines durch das Loch, stecken Sie die Pappscheibe und Metallscheibe auf den Splint und drehen diesen zu einer Schnecke. Die Arme werden wie die Beine gearbeitet. Wenn alle Splinte gedreht sind oder alle Befestigungsscheiben gesteckt sind, werden die Arme, Beine und der Kopf mehrfach gedreht. Jetzt können Sie die Gelenke nochmals nachdrehen beziehungsweise die Befestigungsscheiben nachdrücken, sodass alle Gelenke fest sind. Nun stopfen Sie den Körper gut mit Füllwatte aus. Sie beginnen mit dem Po- und Schulterbereich. Nun wird der Bauch gestopft. Achten Sie darauf, dass der Bär nicht überfüttert wird. Die Rückennaht wird mit dem Matratzenstich geschlossen.

Sticken: An der Nase werden die Florhaare weggeschnitten. Mit dem Nasengarn sticken Sie nun eine Nase. Sie können mit mehreren Lagen arbeiten, dann wirkt die Nase plastischer. Wenn Sie mit der Nase zufrieden sind, sticken Sie einen Mund. Am besten ist ein lachender Teddy.

Augen: Nehmen Sie ca. 20 cm langes Augengarn und fädeln dieses durch die Öse des Auges. Mit Stecknadeln, Hutnadeln oder Positionsaugen legen Sie den Stand der Augen fest. Setzen Sie aber die Augen nicht in die Nähte. Die Öse muss vorsichtig flachgedrückt werden. Mit einer langen Nadel stechen Sie nun an der vorgesehenen Position ein und ziehen die Nadel samt Garn und Auge durch und treten damit am Hinterkopf heraus. Nun wird das andere Auge eingezogen. Achten Sie darauf, dass beide Garne nebeneinander liegen. Von jedem Auge wird das Garn in sich verknotet. Dabei können Sie beim Anziehen der Fäden die Augen tief in den Kopf ziehen, was dabei den Gesichtsausdruck verändert. Die Fäden werden „unsichtbar" vernäht.

Feinarbeiten: Die Ohren werden mit Stecknadeln am Kopf befestigt, bis Sie die richtige Position gefunden haben. Die Ohren werden mit Handstichen oder dem Matratzenstich festgenäht. Die Nähte können Sie mit einer Bürste ausbürsten. Der Bär wird frisiert und mit einer Schleife oder einem kleinen Halstuch ausgestattet.

Tommy (15,5 cm)

Material
- Mohair / Plüsch, 11 x 140 cm
- Pfotenstoff / Velourleder oder Filz
- Wasserfester Stift / Kugelschreiber
- Nähgarn
- Stecknadeln und Heftgarn
- Scheibensatz, Splinte oder Plastik
- Splinte: 10 Gelenkscheiben, 6 für Kopf und Beine, je 15 mm Ø; 4 für die Arme, je 15 mm Ø
- 10 Metallscheiben, je 14 mm Ø
- 5 Splinte, je 32 mm Ø
- 1 Paar Glasaugen, 6 mm Ø
- Nasengarn und Augengarn
- Füllwatte / Glasgranulat, ca. 1–1,5 mm Ø

Anleitung
Für Tommy werden die gleichen Schnittteile wie für Karlchen verwendet. Tommy bekommt durch seine Granulatfüllung ein lebhaftes Aus-

Karlchen und Tommy

sehen. Sein Fell ist aus sparse Mohair. Sparse bedeutet, dass es sich um ein ausgedünntes Fell handelt. Bei kleinen Bären empfiehlt es sich, kleineres Glasgranulat zu nehmen; Granulatgrieß ist ebenfalls zu empfehlen.

Schnitt und Schnittübertragung: Alle Schnittteile und Markierungen werden auf Karton übertragen. Die Schnittteile und Markierungen werden auf die Rückseite des Mohairs oder Plüsch übertragen. Beachten Sie die Nahtzugabe und die Florrichtung des Stoffes. Mit einer spitzen Schere werden die Schnittteile ausgeschnitten. Beim Stecken oder Vorheften werden die Fellhaare mit eingearbeitet.

Körper: Die Abnäher werden oben und unten geschlossen. Die Körperteile werden aufeinander gelegt und bis auf die Stopföffnung umgenäht. Die Markierungspunkte der Gelenke werden mit einer spitzen Schere vorsichtig vorgestochen.

Ohren: Sie nähen von Punkt H–I, die kurze Seite bleibt offen.

Kopf: An dem Kopfseitenteil werden die Abnäher geschlossen, die Kinnnaht wird von A–B genäht und das Kopfmittelteil eingepasst. Punkt C wird auf die obere Kinnnaht gesteckt, bis D und E (Halsrand) eingepasst und festgenäht. Die andere Seite wird gleich gearbeitet.

Arme: Das Pfotenteil wird an das Arminnenteil genäht, Punkt G auf G. Außen- und Innenarm werden aufeinander gelegt und komplett zugenäht. Anschließend wird an den Arminnenseiten der Einschnitt für die Gelenke vorgenommen.

Beine: Die Beine werden wie für Karlchen gefertigt. Allerdings füllen Sie sie für Tommy mit Granulat.

Im Weiteren gehen Sie vor wie bei Karlchen.

Tommy